Jan J. Laurenzi

Flores Lunae

Worte aus den Wogen der Nacht

Gedichte
(1999-2011)

Bibliografische Information der Deutschen Nationalbibliothek:
Die Deutsche Nationalbibliothek verzeichnet diese Publikation in
der Deutschen Nationalbibliografie. Detaillierte bibliografische
Daten sind im Internet unter http://dnb.d-nb.de abrufbar.

Impressum:
© 2021 Laurenzi, Jan J.
Herstellung und Verlag: BoD - Books on Demand , Norderstedt
ISBN 9783752673999
Coverbild: https://pixabay.com/de/users/cocoparisienne
Illustrationen: Jan J. Laurenzi

Inhalt

In See

Ja, lass uns zusammen schlafen.
Nein, nicht so wie sonst.
Gesicht an Gesicht
sollen sich nur
unsere Atemwinde berühren,
sich tanzend durchmischen, und
die Lippen zu einem
Lächeln erregen.

Im flackernden Augenglanz
des Gegenübers
stechen unsere Seelen in See.

Ziel

Am Ufer desselben Traumes
gemeinsam Ruhe finden.
Und dann einander
Schutz und Kraft schöpfen.
Aus dem Wasser,
das uns trägt.

Oktobergold

Mild wie der Herbstwind
in der Mittagssonne,
weht dein Atem über meine Häute.

Sucht sich einen Platz zum Nisten.
Legt Tau hinein.
Verweilt für einen scheuen Hauch.

Kommt morgen wieder.
Nach den Nebeln.

Gunst der Stunde

Übermütig wie eine junge Robbe
stürzt sich meine Zunge
in deinen Schoß,
dein Meer,
voll Süße und Schutz.
Die beknüppelten Jäger bleiben
im Trocknen.
Und auch deine Haie
schlafen heut.

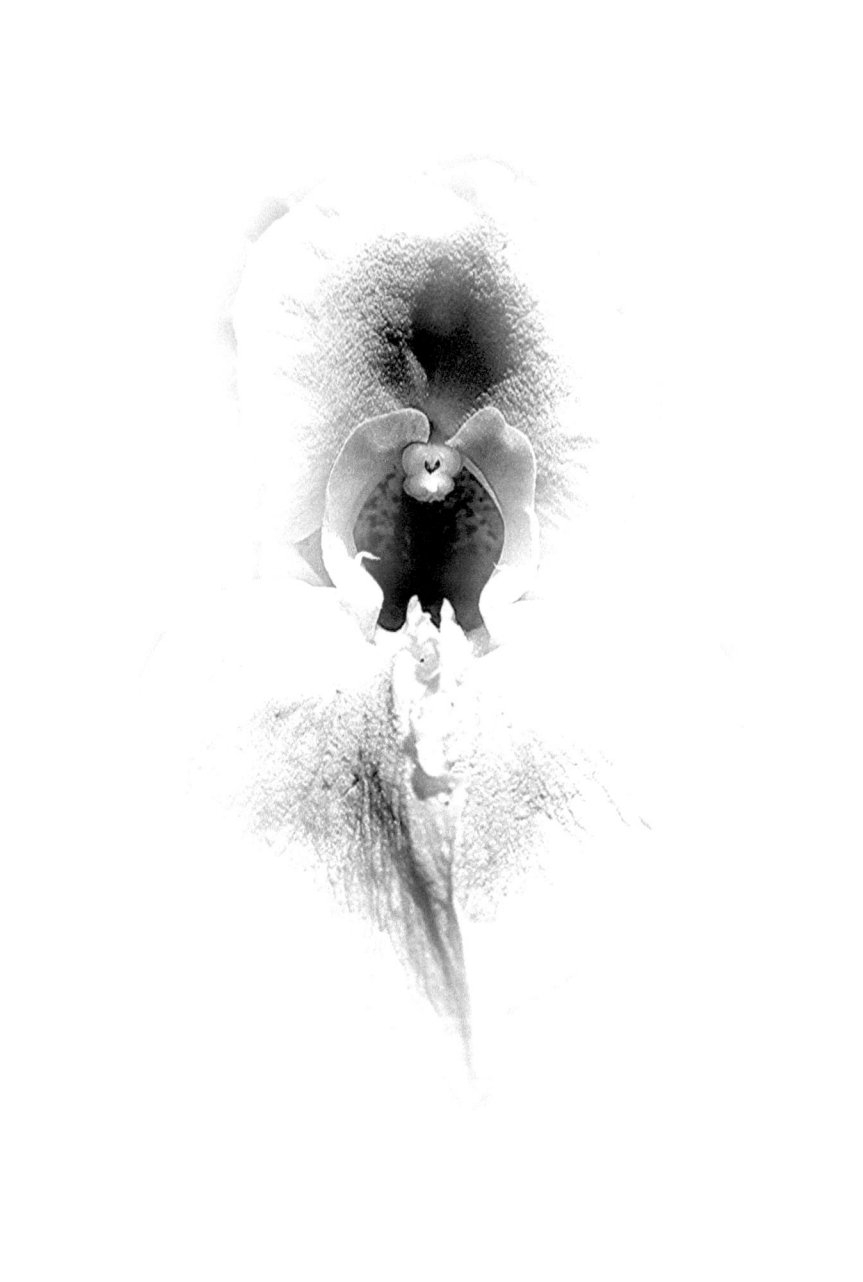

Liebesnacht

Reitend
durch die Hitze der Nacht,
lassen wir die Sterne
zu unseren Füßen liegen
und betrinken uns
an dem kurzen Tod
der Zeit.

Warm umhüllt mich
der süße Himmelstau
deines Schoßes.
Er ruft
in die Tiefe des Alls
nach mir.

Und ich komme.
Komme,
und
versprühe mich
als Milchstraße
ans Firmament
deiner Seele.

Danach

Noch trunken von Wohl-Lust
hecheln wir uns die Flammen aus
und lassen den heißen Schweiß
die Glut löschen.

Ein letztes Mal zischt es auf
in einem Lächeln.

Dann legen wir uns
ineinander schlafen.

Meine Amme

Die Nacht ist eine
stille Frau.
Die mit prallen Brüsten
meine Träume nährt.
Die dann still zerfließen
und hungrig
neu sich fügen,
bei ihrem nächsten Nahen.

Die volle Brust
mit dünner Kost gefüllt.

Lacus somniorum

Nacht kommt auf.
Bläht mir die Segel.
Trägt mich
lautlos hinaus.

Allein auf weiter See
singe ich ein Lied
für mich.
Tanze ich
mit mir selbst.

Und fühle dich
noch fast warm
in meinen Armen.

Weshalb du wohl
zitterst?

Liebesstunde

Wie viel Traum
war diese Stunde,
als der runde
Mond am Himmel stand,
weit über schwülem Land?
Und meinem Baum.

Jene Stunde
war ein Traum
im leeren Raum,
wo die Engel Bilder malen,
mit dünnen Farben, fahlen.
Als trügerische Kunde.

Traum
war die Stunde
dem wunden Munde,
der je wieder heilt,
wenn die Zeit nun eilt?
Wohl kaum.

Zersprungenes Herz

Es ist kalt und es wird Nacht.
Die Nebel wachen aus ihren
Tagträumen auf.
Leergebrochene Felder atmen sie
aus und decken sich mit ihnen zu.
Weit draußen liegt ein Herz
zwischen Stoppelresten,
gebrochen im stählernen Licht des
Vollmondes.
Der grinsend im Anthrazit
des Himmels liegt
und seine Bahn zieht,
von Stern zu Stern.
Das Herz ist zersprungen,
hat ausgeblutet.
Seine Wärme ist durch krümelige
Erde gesickert und weint jetzt mit
den Samen der Gräser.
Das All aber schwingt weiter,
ungerührt.
Lässt Sterne und Monde ziehen,
und Sonnen.
Und neue Zeiten gebären,
wenn die Amsel
die Morgenröte besingt.

Tierliebe

Dein Körper sehnt sich
nach einem Hengst,
auf dem du feuerwild
deine Nächte durchreiten kannst.
Der dich mit der Kraft
heißblütiger Lenden übermannt.
Dich unter seinen geilen Hufen
zermalmt und dich mit einem
Schwall heißen Samens
neu zusammenklebt.

In mir aber fandest du
nur einen scheuen Geparden.
Mit großen schwarzen Augen.
Die wie Samenkörner der Trauer
dich sehnsüchtig anglänzten.
Ich beleckte dich nur von Ferne
mit hauchdünner Zunge.
Schnellte im Winde davon,
als deine Zähne in rasender Lust
mir ins magere Fleisch wollten.
Und wenn ich dich begattete,
dann als flirrender Hauch.
Denn mein Same war nur
der kochende Dampf eines
stillen Wassers.

Dein Körper sehnte sich
nach einem Hengst.
Meiner nach einer
lodernden Nymphe.

Wölfisch einsam

Die Furcht hat dich
ins hohe Gras getrieben.
Als sei ich ein reißender Wolf,
der deiner Fährte folgt.

Bin ich's denn nicht?
Wittre überall nach deinen Worten.
Spähe mit scharfem Auge
nach deinem Blick.
Lausche, ob nicht der Wind,
kaum hörbar, auf der Harfe
deines bunten Haares spielt.

Du zuckst zusammen,
wenn du das leise Heulen
meines Lächelns hörst,
und fliehst.

Bald wird sich auch der Mond
ins grelle Sonnenlicht
vor mir verkriechen.

Die Mondin

Dein Spiel ist durchschaut.
Zu zyklisch sind die Wandlungen,
als dass sie mich noch
verwirren könnten.
Deine Entkleidungen
blenden nicht mehr.
Zu kalt ist ihr Licht geworden,
zu rund ihre Nacktheit.

Wie sicher kannst du noch sein,
mein Gefühl nach deiner Zeit
zu lenken?

Nichtsdestotrotz drehst du weiter
deine Bahnen um mich,
erregst dich in Kommen
und Gehen.

Irgendwann pflück ich die erstbeste
Wolke und bedecke dich mit ihr.

Und wohltuend
wird es finster.

Kaltfront

Mit dem Sturm deines Atems
prasseln deine Tränen
an mein Fenster,
heulen deine Seufzer
durch seine Ritzen.

Ich aber
schließe die Läden
und warte
auf besseres Wetter.

Stummer Mord

Mit einem zweischneidigen Wort
habe ich damals
deine Kehle durchbohrt.
In einem Anfall
irrwitziger Panik.

Nun ist längst
Gras darüber gewachsen.
So dicht,
dass keine Blumen mehr
aus deinen Worten sprießen.

Das letzte Mal

Nun ist es klar.
Es ist vorbei.
Du drehst dich zur Seite.
Dein bloßer Rücken steht
wie eine Wand
vor mir, auf die ich starre.

Soeben haben wir
unser Scheitern zelebriert.
Wortlos.
So schmerzend
wortlos.
Später stehst du auf und
gehst in dein Zimmer.
Deine Wärme bleibt.
Sie liegt wie brütend
über letzten Tränen.
Und wirken wie Eis.

Drüben schluchzt es leise.
Ich bin erfroren.
Wenn dann das erste Grau
durch das Fenster schleicht,
beginnt eine
neue Zeit.

Ein neuer Morgen

Noch ist es Nacht.
Doch mit
der Angst im Rücken
ziehe ich aus,
meine schlafenden Hunde
zu wecken.
Die Meute
wird mich verschlingen,
ich weiß.
Mit mir
aber auch meine Angst,
und ich
bin endlich
erlöst.

Geleerter Himmel

Meine Erinnerungen durchzirkeln
die salzige Luft.
Sind nur ein maßlos laues Schreien
kreisender Träume.

Dazwischen nistet der Adler.
Stumpf und tränennass
sein Gefieder.

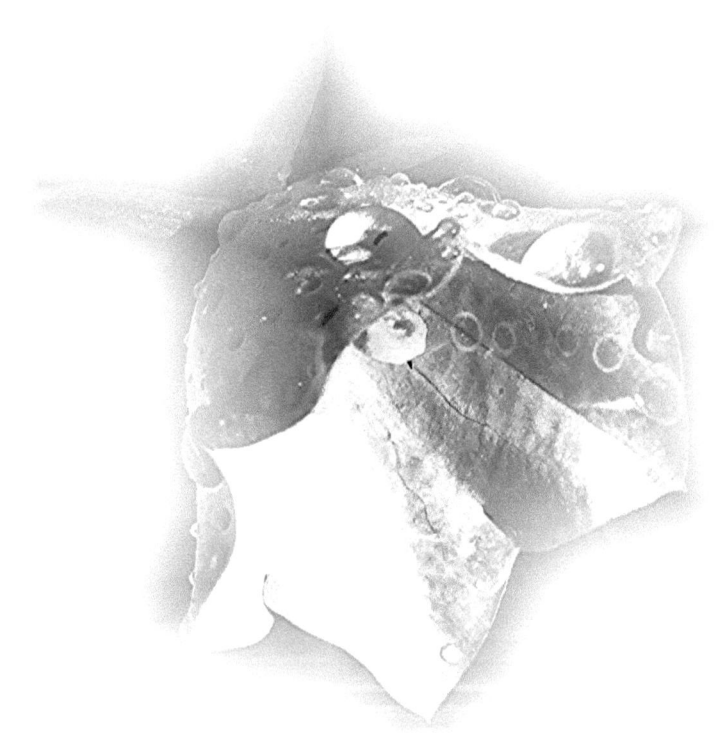

Schaumtraum

O Traum,
Schaum
meines Blutes,
wie tut es
weh.

Bist nur Schnee.
Zerbrichst ins Ferne
in meiner Wärme,
gleich einer Fee,
die nur atmet im Traum.

O Schaum
meines Blutes,
weh
tut es.

Gebet

Herr,
grausam war die Nacht,
da du deinen gewaltigen
Engel schicktest,
um mir mein Herz
zu zerschmettern.
Mit einem einzigen Schlag
seines Flügels.
Nun blutet mir die Seite.
Wie einst dir.

Herr,
behüte mich
vor deinen Engeln,
den gewaltigen.
Deren Flügeln.
Deren Augen.
Deren Lächeln.
Meine Adern führen
nur noch wenig
Blut.

Frommer Wunsch

Ich war fast noch Kind,
als mir davon träumte,
dass einst in Sündennächten
des Begehrens ein Engel
in meine Lippen tropfe,
und von dort ins Feuer
der Geborgenheiten sickere.

Als später dann
die Engel kamen und
meinen Mund umspülten,
da war es immer nur ich allein,
der sich wälzend
in den Himmel hinauf stöhnte.

Vielleicht waren sie aber
auch ganz nah bei mir.
Vielleicht waren meinen
verängstigten Ohren nur
ihre Flügel zu laut.

Im Namen des Schicksals

Tage wie Nächte
auf einer Bank
des Bahnsteigs verschlafen.
Wie ein Penner.
Wartend, dass mir endlich
ein Messias
aus den Zügen steigt.
Als müsste er mich
und nicht ich ihn
suchen.

Dann endlich
- nach Jahren -
spricht von irgendwo oben
eine Frau mit singender Stimme
und von lieblichen Glocken
umrahmt das Urteil über mich:

Achtung am Gleis eins.
Ihr Zug ist abgefahren.

Eines Narren Geigenspiel

Heute in der Nacht
trat ich vor den Spiegel,
spannte meine Flügel aus
und flog durch ihn hindurch
zur alten Ruine.
Landete lautlos
auf dem obersten Stein.
Sah unten
zwischen leeren Fensterbögen
einen Buckligen stehen, in
ausgefranstem Flickenkleid.
Kaum hörbar fiedelnd
auf einer zerkratzten Geige.
So lächerlich beharrlich
und unbeirrt.
Immer wieder neu beginnend.
Nicht ahnend,
dass er sein Lied längst schon
vergeigt hatte.

Leises Lied aus einem Traum

Einmal in der Nacht,
fiel ein leises Lied
aus einem Traum
in mein Herz.

Verlassen und traurig
schwamm es durch mein Blut
und würzte es
mit seinen Tränen.
Ich nahm es sachte
in meine hohle Hand
und behauchte zart
seine zitternden Glieder.
Dann legte ich es ganz vorsichtig
auf die Spitze meines Herzens.

Wo es fortan
über das Wallen meiner Säfte
wacht.
Und dabei
wieder leise singt.

Bitte

Das Salz meiner Tränen
weht der Wind durch die Nacht -
fleht,
am Saum ferner Lippen
zu stranden.

Toter Mann

Der Mann,
der mich damals
als Kind
in eiserne Ketten legte,
hält mich auch heute
noch in seinen Armen.
Doch nun ist er
schon lange tot.
Die Totenstarre aber
klammert mich weiter
an den ausgedorrten Leib.

Erst wenn er zu faulen beginnt,
bin ich erlöst.

Monduntergang

Wenn die Sichel sich neigt
zu meinen Füßen,
zur Ernte ausholt,
Gelebtes wie dürre Halme
sanft durchschneidet,
die Ähren fallen, und die
wenigen Körner sich zerstreuen –
freuen sich die Mäuse
mir zum Trost.

Enttraumung

Hörst du,
es klopft.
Der Winter steht
vor der Tür.
Ich kann mich nicht mehr
taub stellen.
Er weiß genau,
dass ich daheim bin.
Hat den Mundschutz übergezogen.
Sein Skalpell gezückt.
Wird einen tiefen Schnitt machen.
Wenn ich wieder aufwache,
bin ich von allen Träumen befreit.

Schluss.Punkt

Vor mir wittere ich
das Paradies.
So prunkvoll
und echt
und menschenleer. Während

hinter mir wenig(e)
verwandte Seelen sich
fatamorganisch fremdelnd
in kaltstinkenden Rauch
zeratmen. Aber

vor mir rieche ich
das Paradies.
Lockend froh, und
verlockend leer
von Menschen.

Davon

Ich falte mir ein Schiffchen
aus Glas und fahre mit ihm
davon.
Nur ich.
Ganz allein.
Wie immer.
Ganz allein.

Davon.
Ganz still.
Die Wärter hören nichts.
Auch ihr nicht.
Ganz still.

Ein Schiffchen.
Aus Glas.
Zerbrechlich wie ich.

Aus Glas.
Wie mein Schiffchen.

Davon.

Ganz still.

Strandgut

Jahre.
Vergangen.
Ungelebt an Seele.
Treibholz gleich.
Mitgerissen von der
Unerbittlichkeit des Wassers.
Faulgeworden
ans Ufer gespült.
Nach Jahren.
Ungelebt an Seele.
Ohne einen Traum mehr
unter der Rinde.
Gestrandet.

An einem warmen
Sommermorgen.

Der Duft des Phönix

Nass und in Sack und Asche
kaure ich am morschen Holz
des alten Kahns.

Durch eine Ritze fällt
ein Rosenblatt
aus dem Gefieder des Phönix.
Legt sich unmerklich sanft
auf meine dürre Hand.

Mit einem Mal
riecht es
nach Zukunft.

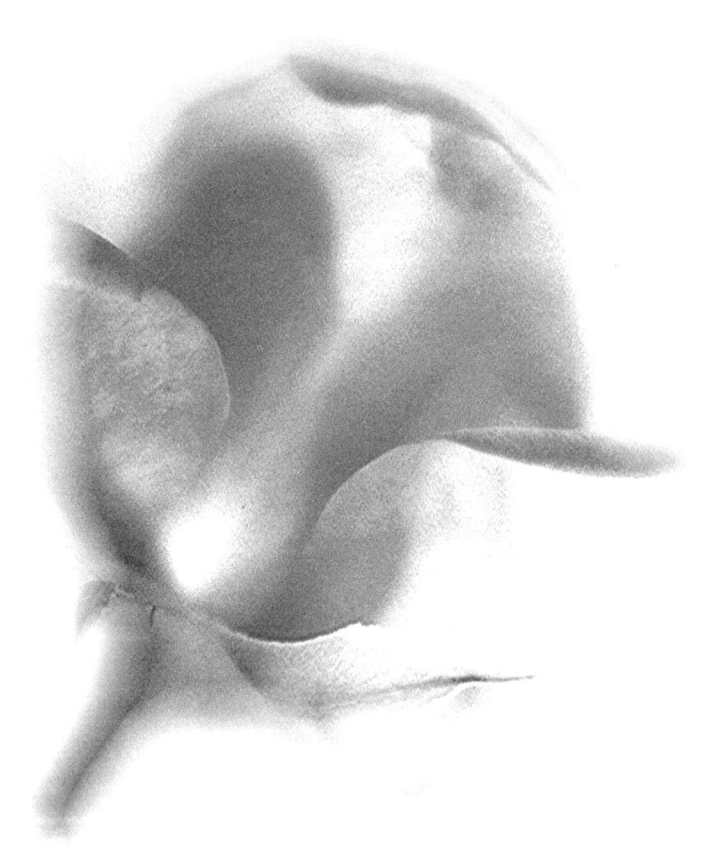

Ein Blitz

Du kamst gerade aus dem Wasser.
Mit Haut und Lachen.
Und tropfnass wogendem Schritt,
unter sich mächtig bäumenden
Wolken.

Und schon zuckte der Blitz.
Als die Augen sich trafen.

Ich wartete auf den Donner.
Doch er blieb aus.

Nur ein wohldumpfes Grollen,
als du davon gingst.

Von weitem noch einmal ein Blick.

Dann sprengen Seidenflügel
das alte Gewand.
Und der Falter fliegt.

Die Welt ist eine andere.

Prophetisch

Unweit vom Ufer,
wo die Flammen
des hohen Grases enden,
steht eine alte Kapelle.
Hier werde ich auf dich warten
- falls du mich suchst.

Falls du mich suchst,
wirst du mich dort finden.
Und falls du kommst,
wird Gott vor Freude weinen.
Und uns ein Nest herrichten.
In den hohen Flammen.

Jan J. Laurenzi ist ein Pseudonym. Der Autor ist Schriftsteller und veröffentlicht seit Jahren in einem Spezialgebiet. Seit seiner Jugend beschäftigt er sich aber intensiv mit philosophischen, medizinischen, religiösen und spirituellen Themen. Sein Wahlspruch ist ein Aphorismus von Martin Walser: *„Nichts ist ohne sein Gegenteil wahr"*.

Video-Kanal des Autors:

Passende Ergänzung:

Jan J. Laurenzi:
fuck & smile
Die Ästhetik der Begierde
- Erotische Gedichte -
68 Seiten, BoD, € 7,95

„Sex ohne Lächeln ist unschön", meint Jan J. Laurenzi. In seinen Gedichten gießt er verschiedenste Szenen des sexuellen Erlebens in ästhetische Formen und lässt vor den Augen der Lesenden Bilder entstehen, die man landläufig als Pornographie bezeichnen würde. Dabei sind es Akte, die jedes Liebesleben kennt. Der Autor will sie aus der Ecke des Schmuddeligen ins Licht des Schönen holen.